# Les Ancrages en Hypnose et PNL

**Cours complet aux techniques d'Ancrages**

Constant WINNERMAN

# Les Ancrages en Hypnose et PNL

**Cours complet aux techniques d'Ancrages**

*LES ANCRAGES EN HYPNOSE ET PNL.*

*Copyright © 2012 Constant Winnerman, Winnerman Productions E.U.R.L.*

**Tous droits réservés.** Toute reproduction, même partielle, du contenu, de la couverture, par quelque procédé que ce soit (électronique, photocopie…) est interdite sans autorisation écrite de *Winnerman Productions E.U.R.L.*

**Édition** : BoD – Books on Demand, info@bod.fr

**Impression** : BoD – Books on Demand, In de Tarpen 42, Norderstedt (Allemagne)

Impression à la demande

**ISBN :** 978-2-8106-2216-0.

**Dépôt légal :** Mars 2012.

Je dédie cet ouvrage à mon fils,
Alexis.

# Sommaire

A propos de l'auteur 11

Les Ancrages 13
Quelques exemples d'Ancrages naturels 13
Le Conditionnement Pavlovien 13
La Madeleine de Proust 14
Définitions 14
Anecdotes 17
Apprendre à utiliser les Ancrages 20
Créer un Auto-Ancrage simple 22
Ancrage simple sur une tierce personne 23
L'Auto-Ancrage au quotidien 23
Créer une Addition d'Ancres 25
Rechargement de l'Ancre 25
Volatilité de l'Ancre 25
Créer un Transfert d'EdR 26
Auto-Transfert d'EdR 26
Transfert d'EdR sur une tierce personne 27
Effectuer une Auto-Désactivation d'Ancre 29
Désactivation d'Ancre sur une tierce personne 31
Suggestions de stimuli kinesthésiques 33
Réactivation d'Ancre par Auto-Suggestion 33
Figures explicatives 34

## A découvrir…

*Scripts Hypnotiques*                           **43**
*en Hypnose Ericksonienne et PNL*
Formations en Hypnose                           **45**

# A propos de l'auteur

Constant WINNERMAN est le fondateur de l'Ecole Française d'Hypnose, au sein de laquelle il a animé de nombreuses formations.

Constant s'est formé à l'Hypnose et à la PNL en 2003.

Depuis 2012, Constant n'exerce plus.

# Les Ancrages

Un Ancrage est une association, créée naturellement ou volontairement, entre un stimulus ou plusieurs stimuli, et une réaction (la réminiscence d'un souvenir, d'un état d'esprit ou émotionnel, d'un comportement…). Nous parlons de schéma « stimulus-réponse ».

Les Ancrages sont des mécanismes naturels. Notre vie est faite d'Ancrages ! Par exemple, la vue d'un objet, l'écoute d'une chanson, ou une odeur, peuvent faire resurgir des souvenirs et des émotions à notre esprit.

### Quelques exemples d'Ancrages naturels...

- Je vois le feu rouge et je m'arrête.

- Je regarde un film où l'acteur fume, alors j'ai envie d'une cigarette.

- Mon interlocuteur prononce un mot qui résonne en moi dans le sens où il me remmène inconsciemment à une expérience passée, alors mon état interne change instantanément (par exemple, l'entente de ce mot ressuscite un sentiment d'injustice), et mon attitude à l'égard de l'autre s'en trouve transformée.

### Le *Conditionnement Pavlovien*

Le principe de fonctionnement des Ancrages est celui du conditionnement, aussi nommé « Conditionnement Pavlovien », tel que le physiologiste Russe Ivan

Petrovitch Pavlov l'a démontré.

L'une des expériences de Pavlov consistait à émettre un son (sonner une cloche) à chaque fois qu'il nourrissait son chien. Après avoir répété plusieurs fois ce procédé afin de renforcer l'association entre le stimulus auditif et le fait de manger, Pavlov constata que le simple son de cloche, sans être accompagné de nourriture, déclenchait la salivation de l'animal. Ainsi, Pavlov avait conditionné son chien à saliver à l'écoute du son de cloche.

## La Madeleine de Proust

Dans « *Du côté de chez Swann* », le premier tome de « *À la recherche du temps perdu* », l'auteur Marcel Proust évoque la réminiscence de souvenirs d'enfance en mangeant une madeleine. Au cours de cette expérience, le gâteau (sa vue, son odeur, son goût...) stimule un Etat de Ressource (EdR) présent dans l'Inconscient de la personne. On fait régulièrement référence à la « *La Madeleine de Proust* » pour désigner les phénomènes d'Ancrages.

## Définitions :

**Stimulus :** Un stimulus désigne ce qui peut provoquer une excitation chez un organisme vivant : Un stimulus visuel (image, lumière), un stimulus auditif (son), un stimulus kinesthésique (température, toucher, ressenti physique...), un stimulus olfactif (odeur), ou un stimulus gustatif (goût).

**Etat de Ressource (EdR) :** Un Etat de Ressource est une façon d'être ou de se sentir (par exemple, un état de confiance en soi, de motivation, de détente...), qu'une personne détient déjà en elle pour l'avoir déjà vécu (dans l'immense réservoir de ressources qu'est son Inconscient), ou qu'elle peut développer grâce aux capacités créatrices de l'Inconscient (l'imagination) si elle n'a jamais été dans cet état auparavant. Le plus souvent positif, dans tous les cas utile, un EdR peut être mobilisé et mis au service de notre vie présente et future ; ainsi, nous pouvons transformer instantanément notre état d'esprit ou émotionnel, et nous conditionner, nous « programmer », pour que nous soyons dans un état particulier lors de nos expériences futures.

Le dégoût ressenti pour un aliment, pour une boisson, un souvenir ou un sentiment négatifs (par exemple, la frustration), peuvent être considérés comme des EdR lorsqu'ils sont utiles à la personne : c'est le cas avec la méthode d'Hypnose aversive, reposant sur l'association d'éléments négatifs au symptôme dont la personne veut se libérer (par exemple, associer au tabagisme le dégoût éprouvé vis-à-vis des choux de Bruxelles !).

**Réactivation d'Ancre :** Exposition d'une personne à un stimulus - ou à des stimuli - déclenchant la réaction y étant associée (la réminiscence d'un souvenir, d'un état d'esprit ou émotionnel, d'un comportement…).

Pour éviter que vos Ancrages ne soient parasités, veillez à utiliser des stimuli que vous n'êtes pas susceptible de rencontrer au quotidien (par exemple, le mot « bonjour » et la poignée de main sont trop courants, mais un mot tel qu'« hypnose » et un cercle formé entre le pouce et l'index sont beaucoup plus rares).

Un Ancrage ne peut être réactivé que par la personne qui l'a créé, qu'il s'agisse d'un Ancrage posé sur une tierce personne, ou d'un Auto-Ancrage.

**Transfert d'Etat de Ressource :** Technique consistant à créer un pont entre une expérience passée, dans laquelle la personne est en possession d'une ressource spécifique (EdR), et une expérience future, où la personne aura besoin de ladite ressource. Il s'agit ensuite, grâce à un Ancrage, de faire glisser l'EdR, via ce pont, de l'expérience passée vers le moment futur. Ainsi, la personne se programme, se conditionne positivement pour l'avenir.

**Désactivation d'Ancre** : La technique de la Désactivation d'Ancre permet de supprimer un schéma négatif (mode de pensée ou de comportement, état émotionnel...), en désactivant une ancre, à laquelle cette réaction aura été préalablement associée.

**Auto-Ancrage** : Ancrage posé par soi-même, sur soi-même.

**Associé** : La personne associée à une expérience remémorée en est l'actrice, elle la revit aussi intensément que la première fois. Le fait de s'associer à un souvenir permet d'en amplifier notre vécu intérieur.

**Dissociée** : La personne dissociée d'une expérience remémorée en est spectatrice, elle la visualise de l'extérieur, par exemple sur un écran imaginaire. Le fait de se dissocier d'un souvenir permet d'en réduire les effets.

**Anecdotes :**

Les histoires vraies suivantes témoignent de l'existence et du fonctionnement des Ancrages dans la vie quotidienne :

« L'Effet Parasol sans alcool ! »

« Un peu d'humour...

Nous étions 6 amis lors de cette soirée karaoké ; puis arrivèrent les coupes de glaces. Alors que chacun de nous regardait la belle et certainement savoureuse glace qu'il avait commandée et qu'il allait déguster, je commençais spontanément à m'amuser à faire tourner de ma main droite le petit parasol décoratif. Je précise que la soirée était plutôt bien arrosée et que nous étions, comment dirais-je, « détendus ! ». Je continuais à faire tourner le petit parasol à la hauteur de mes yeux tout en écoutant ma compagne chanter « et gratte, gratte, sur ta mandoline, mon petit Bambino ! ». Je « décrochais » un moment, absent, ailleurs, parti dans mes pensées, en tout cas plus ici ni maintenant ! Puis cette agréable soirée se termina.

L'un de nos amis décida une semaine plus tard de nous inviter à son tour au restaurant. Je décidais de ne pas boire d'alcool ce soir-là, je n'en avais simplement pas l'envie. Les coupes de glaces arrivèrent et je remarquais sur la mienne la présence d'un nouveau petit parasol, de la même couleur que le précédent ! Alors que les autres étaient aussi « détendus ! » que la première fois, pour ma part, je n'étais pas aussi désinhibé qu'eux, je me souvenais du petit parasol décoratif du dîner précédent. Une idée me vint à l'esprit : demander à ma compagne de chanter Dalida de la même manière que la semaine passée (même volume, même rythme…) pendant que je faisais tourner mon petit parasol de ma main droite et à la hauteur de mes yeux. Vous comprendrez aisément la raison pour laquelle je me sentis de plus en plus, comment dirais-je, « aussi détendu que mes voisins qui avaient bu ! ».

Que s'est-il passé ? La première fois, j'ai associé malgré moi, naturellement, l'image du petit parasol décoratif tournant devant mes yeux (stimulus visuel), la sensation physique de le faire tourner de ma main droite (stimulus kinesthésique), et la voix de ma femme chantant Dalida (stimulus auditif), à l'état de désinhibition. J'ai retrouvé instantanément ce même état interne lors de la seconde soirée au restaurant où je n'avais pourtant pas bu une seule goutte d'alcool, en réactivant l'ancre dont j'avais pris conscience de l'existence entre-temps.

La preuve que sans alcool, la fête est plus folle ! »

<u>« L'oreiller violet d'Andy »</u>

« Alors que je me levais, Andy, mon fils alors âgé de 9 mois, me souriait, réveillé et encore allongé dans son petit lit.

Quelques minutes plus tard, j'ai installé Andy dans son fauteuil et j'ai allumé la télévision. Mon petit garçon attrapait ses jouets et les lançait à terre, ce qui provoquait un tapage pas forcément agréable pour le voisin du dessous. C'est à ce moment-là que j'ai donné l'oreiller violet à mon fils afin qu'il puisse s'amuser sans conséquence pour les autres à une heure aussi matinale. Je l'ai posé sur ses genoux afin qu'il puisse l'atteindre plus facilement. Et ce que je supposais arriva… Andy se mit à pleurer pour nous signaler qu'il voulait le biberon. Pourquoi l'avais-je envisagé ? Parce que nous avons l'habitude de placer ce même oreiller violet sur les genoux de notre fils afin que le biberon qu'il tient déjà seul soit à sa hauteur ; à force de répéter quotidiennement ce comportement, nous avons créés des associations entre l'image et la sensation de l'oreiller violet sur ses genoux et le biberon, nous avons involontairement, inconsciemment, créés un ancrage. En revanche, nous n'avons pas l'habitude de positionner cet oreiller à cet endroit précis lorsqu'il ne s'agit pas de servir le biberon à Andy. Voyant l'oreiller violet (stimulus visuel) et le ressentant sur son corps (stimulus kinesthésique), Andy a spontanément réclamé le biberon. Deux stimuli ont été réactivés simultanément et la réaction associée s'est déclenchée (peut-être le souvenir du biberon, l'envie de goûter le lait, ou la sensation de faim…). »

## Apprendre à utiliser les Ancrages

Les Ancrages peuvent être utilisés pour changer instantanément d'état interne (retrouver un état de confiance en soi, de motivation, de détente…), pour se libérer d'habitudes, d'états et de comportements indésirables, et pour conditionner positivement notre avenir.

L'Inconscient est un immense réservoir de connaissances et de capacités, dans lequel nous emmagasinons, au fur et à mesure de notre existence, une grande quantité d'images, de sons, de sensations, d'émotions, de savoirs-êtres et de savoirs-faires. Autant de ressources auxquelles nous pouvons réaccéder, grâce aux techniques d'Ancrages et d'Hypnose, et que nous pouvons mettre au service de notre vie présente et future.

Lorsque vous aurez compris le fonctionnement des Ancrages, il vous sera simple de les utiliser pour améliorer votre vie.

L'efficience de la Réactivation d'Ancre, c'est-à-dire de l'apparition de la réaction provoquée par l'exposition de la personne au stimulus - ou aux stimuli - auquel(s) elle est associée, dépend essentiellement de :

- La répétition de l'Ancrage : Souvenez-vous que Pavlov a exposé plusieurs fois son chien au son de cloche lorsqu'il le nourrissait, pour que son cerveau créé une association forte entre le stimulus auditif et la salivation.

- De l'intensité de l'état émotionnel dans lequel se trouvait la personne lorsque les associations ont été créées. Plus l'état émotionnel associé au stimulus - ou aux stimuli - sera fort, et plus l'Ancrage sera puissant.

- <u>De la précision avec laquelle l'Ancre est réactivée :</u> Le stimulus - ou les stimuli - doivent être exposés à la personne tels qu'ils l'ont été lors de la création de l'Ancrage. L'objet ou le décor (stimuli visuels) doivent être présentés à l'identique, le son audible sur le même volume, le même rythme, le même ton (stimuli auditifs), le toucher (stimulus kinesthésique) aussi intense que la première fois (par exemple, la même intensité dans la fermeture du poing), et l'odeur (stimulus olfactif) ou le goût (stimulus gustatif) semblables.

### **Créer un Auto-Ancrage simple**

Apprenons à créer un Ancrage simple, c'est-à-dire à associer un stimulus - ou des stimuli - à un EdR (Etat de Ressource) que vous pourrez retrouver par la simple réactivation de l'Ancre (la réexposition au stimulus - ou aux stimuli - associés à l'EdR).

S'agissant d'un Ancrage posé par vous-même sur vous-même, nous parlons ici d'Auto-Ancrage.

1. Choisissez l'EdR que vous voulez ancrer. Comme nous l'avons appris précédemment, il peut par exemple s'agir d'un état de confiance en soi, de motivation, de détente, etc.

2. Fermez les yeux, respirez calmement et détendez-vous. Remémorez-vous un souvenir récent, ou peut-être plus ancien, dans lequel vous vous trouvez dans cet EdR. Faites comme si vous y étiez réellement, et prenez tout le temps dont vous avez besoin pour retrouver tous les éléments de la scène : Voyez tout ce qu'il y a à voir, entendez tout ce qu'il y a à entendre, et ressentez tout ce qu'il y a à ressentir. Vivez pleinement cette expérience, de l'intérieur. Amplifiez au maximum votre vécu de la situation : par exemple, détaillez les objets du décor, les couleurs, augmentez le volume sonore, retrouvez et ressentez pleinement les sensations et les émotions de l'expérience.

Si vous n'avez jamais vécu cet EdR et que vous ne pouvez donc pas en retrouver le souvenir, vous avez la possibilité de le créer ; dans ce cas, imaginez-vous comment ce serait si vous aviez déjà confiance en vous.

3. Une fois que vous aurez l'impression ou le sentiment d'être pleinement associé (acteur) à l'expérience ressource, alors ancrez l'EdR, par exemple aux niveaux

auditif et kinesthésique : prononcez un mot-clé, et formez simultanément un cercle entre le pouce et l'index de la main de votre choix, pendant quelques secondes. Puis relâchez l'ancre.

4. Prenez quelques grandes et profondes inspirations, et ouvrez vos yeux.

5. Pour retrouver l'EdR que vous avez ancré, il vous suffira de fermer les yeux un instant, puis de réactiver l'ancre auditive et kinesthésique, en disant le mot-clé (auditif) et en formant simultanément le cercle entre le pouce et l'index (kinesthésique).

<u>Ancrage simple sur une tierce personne</u>

1. Déterminez l'EdR à ancrer.

2. Associez le sujet à l'EdR, et amplifiez son vécu intérieur de l'expérience ressource.

3. Lors que vous calibrez (observez) l'expression externe du changement d'état interne de la personne (des signes externes témoignant qu'elle est en contact avec l'EdR, par exemple un sourire ou un relâchement des traits du visage), posez l'ancre.

4. Relâchez l'ancre et accompagnez le sujet ici et maintenant.

Un Ancrage ne peut être réactivé que par la personne qui l'a créé, donc dans ce cas uniquement par vous-même, et non par le sujet.

<u>L'Auto-Ancrage au quotidien :</u>

Vous pouvez ancrer un EdR au moment précis où vous le vivez, au quotidien, donc sans nécessairement devoir vous remémorer mentalement l'expérience ressource.

Il vous suffit pour cela de poser votre ancre lorsque vous vous trouvez dans l'EdR que vous voulez ancrer : Par exemple, lorsque vous vous sentez heureux, confiant en vous, motivé, détendu, etc., pincez-vous une oreille en disant « yes ». Il vous suffira ensuite de redire ce mot en vous repinçant simultanément l'oreille (Réactivation d'Ancre auditive et kinesthésique) pour retrouver instantanément l'EdR correspondant.

### **Créer une Addition d'Ancres**

Une Addition d'Ancres consiste à ancrer plusieurs EdR sur un même point d'Ancrage, donc à associer plusieurs états (identiques) au même stimulus - ou stimuli.

L'Addition d'Ancres permet le renforcement de l'Ancrage, par la répétition.

Les EdR ancrés sur un même point doivent être semblables, et de même nature (n'ancrez pas du négatif sur du positif, et inversement !).

La pratique de l'Addition d'Ancres est très simple, il vous suffit d'associer chaque EdR au même stimulus - ou stimuli, donc, par exemple, dans le cas d'un Ancrage auditif et kinesthésique, de prononcer le même mot-clé et de faire le même geste à chaque fois que vous posez l'ancre.

### Rechargement de l'Ancre

L'Addition d'Ancres est aussi un rechargement d'Ancre. A chaque fois que vous ancrez un même EdR sur un même point, vous rechargez votre ancre, et vous la rendez ainsi plus puissante.

### Volatilité de l'Ancre

Une ancre est très volatile et nécessite donc d'être régulièrement rechargée et réactivée, au risque de perdre de son efficacité, voire de disparaître.

### **Créer un Transfert d'EdR**

Le Transfert d'EdR consiste à créer un pont entre une expérience passée, dans laquelle la personne est en possession d'une ressource spécifique (EdR), et une expérience future, où la personne aura besoin de ladite ressource. Il s'agit ensuite, grâce à un Ancrage, de faire glisser l'EdR, via ce pont, de l'expérience passée vers le moment futur.

Cette technique peut être pratiquée sur autrui (en Hypnothérapie) ou par soi-même sur soi-même (on parle alors d'Auto-Transfert d'EdR).

<u>Auto-Transfert d'EdR :</u>

1. Déterminez l'expérience future, et l'EdR dont vous aurez besoin (par exemple, « être à l'aise et avoir confiance en soi lors d'une prochaine prise de parole en public).

2. Fermez les yeux, respirez calmement et détendez-vous. Remémorez-vous un souvenir récent, ou peut-être plus ancien, dans lequel vous vous trouvez dans l'EdR que vous voulez mobiliser (par exemple, une situation où vous parlez en public avec aisance et confiance en vous-même). Faites comme si vous y étiez réellement, et prenez tout le temps dont vous avez besoin pour retrouver tous les éléments de la scène : Voyez tout ce qu'il y a à voir, entendez tout ce qu'il y a à entendre, et ressentez tout ce qu'il y a à ressentir. Vivez pleinement cette expérience, de l'intérieur. Amplifiez au maximum votre vécu de la situation : par exemple, détaillez les objets du décor, les couleurs, augmentez le volume sonore, retrouvez et ressentez toute l'aisance et la confiance en vous-même telles que vous les avez ressenties à l'époque.

Si vous n'avez jamais vécu cet EdR et que vous ne pouvez donc pas en retrouver le souvenir, vous avez la possibilité de le créer ; dans ce cas, imaginez-vous comment ce serait si vous étiez déjà à l'aise et confiant en vous-même devant un auditoire.

3. Une fois que vous aurez l'impression ou le sentiment d'être pleinement associé (acteur) à l'expérience ressource, alors ancrez l'EdR et maintenez l'ancre (ne la relâchez pas, donc, par exemple, gardez la pression entre le pouce et l'index).

4. Tout en maintenant l'ancre pour faire glisser l'EdR vers le moment du besoin, transportez-vous, en imagination, dans la situation future. Faites comme si vous y étiez réellement, et prenez tout le temps dont vous avez besoin pour imaginer tous les éléments de la scène : Voyez votre auditoire et le décor de la salle de réunion, entendez-vous parler et vous exprimer avec aisance, et ressentez intensément votre sentiment de confiance en vous-même. Amplifiez au maximum votre vécu de la situation.

5. Relâchez l'ancre (que vous pourrez réutiliser à tout moment en la réactivant, ou la recharger : voir « Addition d'Ancres »).

6. Prenez quelques grandes et profondes inspirations, et ouvrez vos yeux. Félicitations, vous venez de vous programmer positivement pour l'avenir !

<u>Transfert d'EdR sur une tierce personne :</u>

1. Déterminez l'expérience future et l'EdR dont la personne aura besoin.

2. Associez le sujet à l'EdR, et amplifiez son vécu intérieur de l'expérience ressource.

3. Lorsque vous calibrez (observez) l'expression externe du changement d'état interne de la personne (des signes externes témoignant qu'elle est en contact avec l'EdR, par exemple un sourire ou un relâchement des traits du visage), posez l'ancre.

4. Tout en maintenant l'ancre pour faire glisser l'EdR vers le moment du besoin, associez la personne à la situation future.

5. Relâchez l'ancre et accompagnez le sujet ici et maintenant.

## Effectuer une Auto-Désactivation d'Ancre

La technique de la Désactivation d'Ancre permet de supprimer un schéma négatif (mode de pensée ou de comportement, état émotionnel...), en désactivant une ancre, à laquelle vous aurez préalablement associé cette réaction.

Deux ancrages, l'un négatif, l'autre positif, sont créés sur deux points différents.

L'ancre positive doit être plus puissante que la négative (la personne - ou vous-même, dans le cas d'une Auto-Désactivation d'Ancre, devra donc être associée à l'EdR positif amplifié lors de la création de l'Ancrage positif, et dissociée du schéma négatif, par exemple en le visualisant sur un écran de cinéma imaginaire, lors de la création de l'Ancrage négatif).

L'ancre négative est désactivée par l'activation simultanée des deux ancres, la positive, plus puissante, gommant l'autre.

Une fois que la Désactivation d'Ancre sera effectuée, l'ancre positive sera théoriquement toujours active et vous pourrez la réutiliser par simple réactivation, pour retrouver l'EdR associé, la recharger, ou encore réaliser un Transfert d'EdR.

1. Déterminez, d'une part, le schéma négatif dont vous voulez vous libérer (par exemple, un état un stress), et d'autre part, l'EdR positif que vous utiliserez pour l'exercice (par exemple, un état de confiance en soi).

2. Fermez les yeux, respirez calmement et détendez-vous. Imaginez-vous dans une salle de cinéma, installez-vous confortablement, et visualisez sur l'écran devant vous (donc dissocié), un souvenir récent, ou peut-être

plus ancien, dans lequel la personne que vous étiez adoptait le schéma négatif dont vous voulez vous libérer. Puis posez l'ancre négative (par exemple, en formant un cercle entre le pouce et l'index de la main gauche).

3. Vérifiez l'ancre négative en la réactivant un instant.

4. Quittez la salle de cinéma imaginaire, et remémorez-vous un souvenir récent, ou peut-être plus ancien, dans lequel vous vous trouvez dans l'EdR positif. Faites comme si vous y étiez réellement (donc associé), et prenez tout le temps dont vous avez besoin pour retrouver tous les éléments de la scène : Voyez tout ce qu'il y a à voir, entendez tout ce qu'il y a à entendre, et ressentez tout ce qu'il y a à ressentir. Vivez pleinement cette expérience, de l'intérieur. Amplifiez au maximum votre vécu de la situation : par exemple, détaillez les objets du décor, les couleurs, augmentez le volume sonore, retrouvez et ressentez toute l'aisance et la confiance en vous-même telles que vous les avez ressenties à l'époque. Si vous n'avez jamais vécu cet EdR et que vous ne pouvez donc pas en retrouver le souvenir, vous avez la possibilité de le créer. Puis posez l'ancre positive (par exemple, en formant un cercle entre le pouce et l'index, mais cette fois-ci de la main droite).

5. Vérifiez l'ancre positive en la réactivant un instant.

6. Activez simultanément les deux ancres pendant environ trente secondes à une minute (donc reformez les deux cercles dans les deux mains).

7. Relâchez progressivement les deux ancres en commençant par la négative.

8. Faites comme si vous vouliez réactiver l'ancre négative, et constatez alors que le schéma négatif auquel elle était liée n'apparaît plus. Félicitations, vous

avez désactivé l'ancre négative, et vous êtes en conséquence libéré du mode de fonctionnement négatif !

<u>Désactivation d'Ancre sur une tierce personne :</u>

1. Déterminez, d'une part, le schéma négatif dont la personne veut se libérer (par exemple, un état un stress), et d'autre part, l'EdR positif que vous utiliserez pour l'exercice (par exemple, un état de confiance en soi).

2. Suggérez au sujet de s'imaginer dans une salle de cinéma, et de visualiser sur l'écran devant lui (donc dissocié), un souvenir récent, ou peut-être plus ancien, dans lequel il adoptait le schéma négatif dont il veut se libérer.

3. Lors que vous calibrez (observez) l'expression externe du changement d'état interne de la personne (des signes externes témoignant qu'elle visualise le schéma négatif, par exemple un froncement de sourcils), posez l'ancre négative.

4. Vérifiez l'ancre négative en la réactivant un instant.

5. Associez le sujet à l'EdR, et amplifiez son vécu intérieur de l'expérience ressource.

6. Lors que vous calibrez (observez) l'expression externe du changement d'état interne de la personne (des signes externes témoignant qu'elle est en contact avec l'EdR, par exemple un sourire ou un relâchement des traits du visage), posez l'ancre positive.

7. Vérifiez l'ancre positive en la réactivant un instant.

8. Activez simultanément les deux ancres pendant environ trente secondes à une minute, en vérifiant que l'expression du négatif n'apparaisse pas.

9. Relâchez progressivement les deux ancres en commençant par la négative.

10. Faites comme si vous vouliez réactiver l'ancre négative, et constatez alors que le schéma négatif auquel elle était liée n'apparaît plus. Félicitations, vous avez désactivé l'ancre négative, et le sujet est en conséquence libéré du mode de fonctionnement négatif !

## Suggestions de stimuli kinesthésiques…

Voici quelques suggestions de stimuli kinesthésiques :

- Former un cercle entre le pouce et l'index de la main de votre choix.

- Faire une pression avec le pouce et l'index d'une main, sur l'ongle de l'index de l'autre main (ou sur tout autre doigt).

- Se serrer les deux mains.

- Se pincer une oreille.

- Faire une pression sur un poignet avec deux doigts (par exemple, avec le pouce et l'index).

- Fermer le poing à la manière des vainqueurs (« yes ! »).

## Réactivation d'Ancre par Auto-Suggestion

Lors d'une Réactivation d'Ancre volontaire, nous pouvons nous demander à quel degré se situe l'influence de l'Auto-Suggestion.

Chez certaines personnes, la seule intention de réactiver l'ancre, avant même de le faire effectivement, peut suffire à provoquer la réaction. J'écrivais plus haut que notre vie est faite d'Ancrages ; et elle est aussi faite de suggestions et d'auto-suggestions. Mais finalement, avec les Ancrages, l'essentiel ne réside t-il pas dans le fait que ça fonctionne ?

## **Figures explicatives**

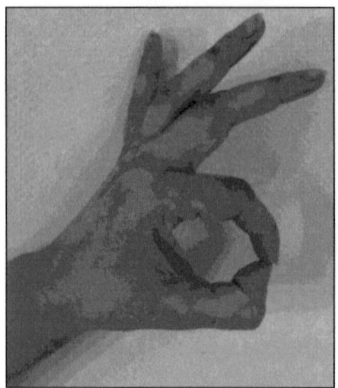

Pose d'un Ancrage kinesthésique entre le pouce et l'index

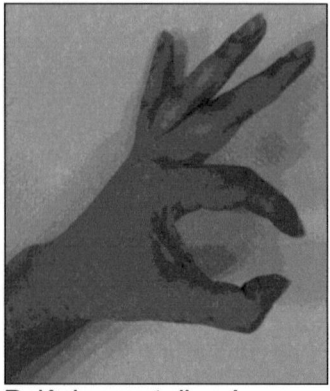

Relâchement d'un Ancrage kinesthésique entre le pouce et l'index

Pose d'un Ancrage kinesthésique en se pinçant l'oreille

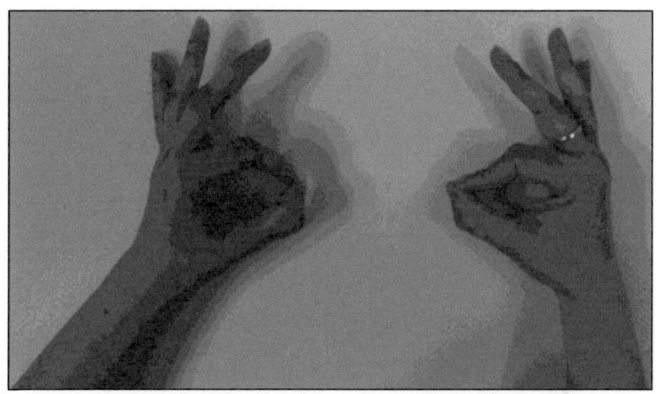

Activation simultanée de deux Ancrages kinesthésiques,
posés sur deux points différents,
entre le pouce et l'index
(utilisable par exemple dans la Désactivation d'Ancre)

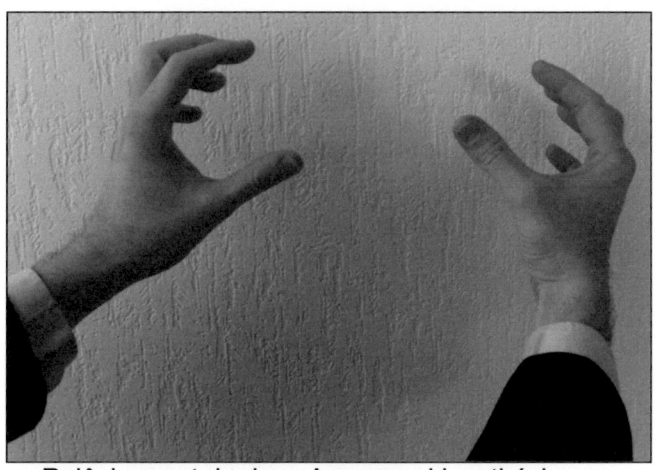

Relâchement de deux Ancrages kinesthésiques,
posés sur deux points différents,
entre le pouce et l'index
(utilisable par exemple dans la Désactivation d'Ancre)

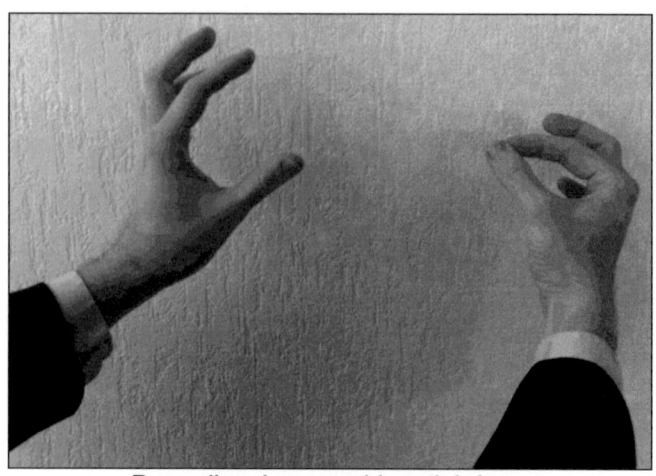

Pose d'un Ancrage kinesthésique
entre le pouce et l'index droits,
alors que l'Ancrage gauche est relâché
(utilisable par exemple dans la Désactivation d'Ancre)

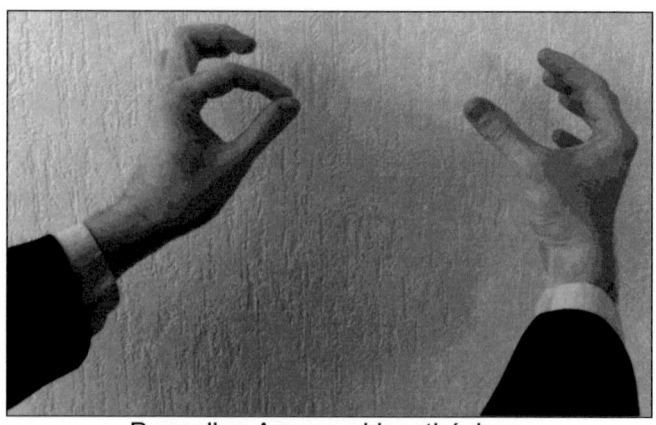

Pose d'un Ancrage kinesthésique
entre le pouce et l'index gauches,
alors que l'Ancrage droit est relâché
(utilisable par exemple dans la Désactivation d'Ancre)

Pose d'un Ancrage kinesthésique sur le poignet, en faisant une pression avec deux doigts

Relâchement d'un Ancrage kinesthésique posé sur le poignet

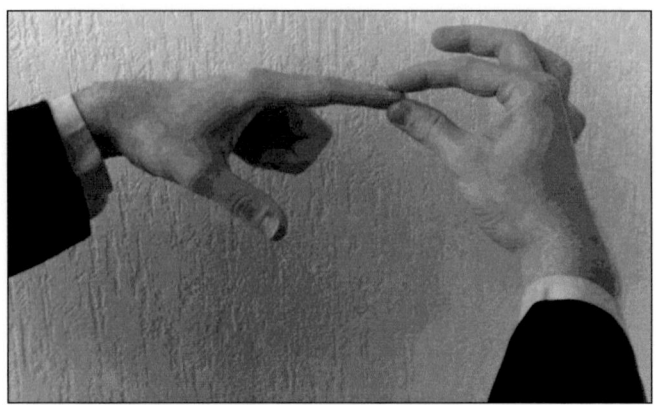

Pose d'un Ancrage kinesthésique
par pression avec le pouce et l'index d'une main,
sur l'ongle de l'index de l'autre main.

Relâchement d'un Ancrage kinesthésique
posé par pression avec le pouce et l'index d'une main,
sur l'ongle de l'index de l'autre main.

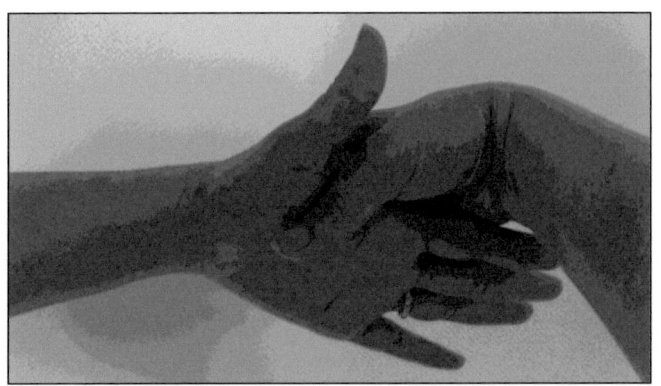

Pose d'un Ancrage kinesthésique
en se serrant les deux mains

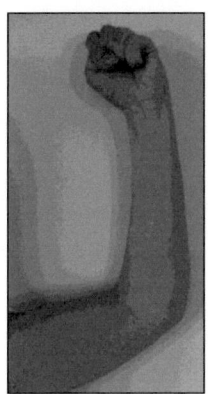

Pose d'un Ancrage kinesthésique
en fermant le poing à la manière des vainqueurs
(« Yes ! »)

# A DECOUVRIR…

# Scripts Hypnotiques en Hypnose Ericksonienne et PNL

Découvrez la collection de livres d'inductions hypnotiques appréciés des étudiants en Hypnose !

**Livre N°1 :** Ce livre contient 8 Scripts Hypnotiques originaux pour vos séances d'Hypnose : arrêter de fumer, perdre du poids, retrouver confiance en soi, redorer l'estime de soi, retrouver l'enthousiasme, se détacher du regard des autres, régression hypnotique, Hypnose profonde.

**Livre N°2 :** Ce livre contient 5 nouveaux Scripts Hypnotiques pour vos séances d'Hypnose : lâcher-prise, anti-stress, le pardon, écriture automatique, concentration et mémorisation.

**Livre N°3 :** Ce livre contient 5 nouveaux Scripts Hypnotiques pour vos séances d'Hypnose : réduire l'appétit, contrôle de la douleur, gestion des émotions, phobie de l'avion, vies antérieures.

**Livre N°4 :** Ce livre contient 5 nouveaux Scripts Hypnotiques pour vos séances d'Hypnose : recentrage sur soi - rééquilibrage personnel, vivre le moment présent, apaiser l'enfant intérieur, hypnose pour s'endormir, mini-détente 10 minutes.

# Formations en Hypnose

L'*Ecole Française d'Hypnose* organise des formations en Hypnose Ericksonienne, Hypnose Classique et Auto-Hypnose.

**Découvrez nos formations
sur www.efh-hypnose.fr**